ROMEON
VERLAG

Die wichtigsten Lektionen fürs Leben
1. Auflage, erschienen 2-2020

Umschlaggestaltung: Romeon Verlag
Text: Silke Schätte
Layout: Romeon Verlag

ISBN: 978-3-96229-154-9

www.romeon-verlag.de

Bibliografische Information der Deutschen Nationalbibliothek:
Die Deutsche Nationalbibliothek verzeichnet diese Publikation in der Deutschen Nationalbibliografie; detaillierte bibliografische Daten sind im Internet über ***http://dnb.dnb.de*** abrufbar.

Silke Schätte

Die wichtigsten Lektionen fürs Leben

*Dieses Buch widme ich meiner Familie,
meinen Freunden, Verwandten und Bekannten
und allen, die mich dazu inspiriert haben,
diese Zeilen zu schreiben.*

Ich bin Hausfrau und Mutter. Nach meiner Ausbildung am Amtsgericht zog es mich in die freie Wirtschaft und ich arbeitete lange als Sekretärin der Geschäftsleitung.

Das vorliegende Buch handelt von wichtigen Lektionen im Leben; vor allem darüber, wie man in Dankbarkeit ein erfülltes und zufriedenes Leben führen kann.

Ich plädiere dafür, dass jeder Mensch das Recht auf Glück und Erfüllung im Leben haben sollte. Alle Menschen, die die *kleinen* Dinge des Lebens nicht mehr wertschätzen können, sollen hier daran erinnert werden, was wirklich wichtig ist im Leben.

Eure
Silke Schätte

Vorwort

Alles begann mit meiner Großtante.

Mit 22 Jahren hatte ich bereits das Vergnügen als Sekretärin der Geschäftsleitung in einem großen Unternehmen arbeiten zu dürfen. Dort mussten wir immer schicke Sachen tragen. Da ich nicht sehr groß gewachsen bin, brachte ich meine Kostüme gerne zu meinem Großonkel zur Änderung. Er war früher Schneider und als Rentner verdiente er sich so noch ein wenig Taschengeld dazu. Während mein lieber Großonkel meine Hosen und Jacken kürzte, unterhielt ich mich in der Zwischenzeit gerne mit meiner Großtante Grete im Wohnzimmer.

Und dann fielen eines Tages diese magischen Worte: „Silke, denke immer daran: ‚*Alle sieben Jahre ändert sich das Blut.*‘“

Ich wusste erst nicht so genau, was sie meinte, lächelte und sagte zu ihr, dass ich in Zukunft daran denken werde. Und so war es auch, diese Worte haben mich nie wieder verlassen.

Jetzt bin ich 49 Jahre alt, habe eine nette Familie, viele schöne Dinge erlebt und tolle Reisen unternommen. Wir wohnen in einer gemütlichen Eigentumswohnung und genießen das Familienleben: Unsere Kinder gehen morgens zur Schule, ich mache die Pausenbrote, mein Mann fährt ins Büro und abends werden beim Abendessen die Erlebnisse des Tages besprochen. Dass ich jetzt an dieser Stelle stehe: voller Dankbarkeit, Gelassenheit, Liebe, Zufriedenheit, beruht auf einigen wichtigen Erkenntnissen. Ich freue mich, das komplette Spektrum von Glück und Erfüllung gefunden zu haben.

Und dieses Wissen möchte ich nun gerne weitergeben in der Hoffnung, dass auch Ihr weiter oder wieder zufrieden auf Eurem Weg gehen könnt.

Die wichtigsten Lektionen im Leben bringen dir:

- Dankbarkeit,
- Erfüllung,
- Freunde / Familie,
- Gelassenheit,
- Glück,
- Vertrauen,
- Zufriedenheit.

Immer wieder stelle ich fest, dass wir Menschen so viel in unserem Leben lernen. Wir kommen als kleine niedliche Wesen auf die Welt und kennen sofort unsere Bedürfnisse. Wir weinen, lachen, schauen uns die Umgebung an oder schlafen. Als kleine Kinder sind wir intuitiv und machen alles aus unserem Herzen heraus. Wir wachsen auf und lernen von unserer Umgebung. Meistens sind es zuerst die Eltern oder eine andere wichtige Bezugsperson - die Großeltern oder auch ein Kindermädchen. Dann kommen wir in den Kindergarten, in die Tagesstätte, in die Schule oder auf ein Internat. Wir besuchen einen Verein, machen eine Ausbildung oder absolvieren ein Studium. Unsere Freunde und Bekanntschaften tragen viel zu weiteren Erfahrungen bei. Unser Umfeld prägt uns.

Wir sind eingebunden ins Familienleben, haben vielleicht Stress im Beruf, ärgern uns über „Kleinigkeiten" und kommen dann manchmal nicht zur Ruhe. Auch diejenigen, die keinen Stress oder nicht viel Arbeit haben, beschweren sich oft über Umstände, die sie scheinbar nicht ändern können.

Einige der wichtigen Dinge im Leben - Dankbarkeit, Erfüllung, Freunde / Familie, Gelassenheit, Glück, Vertrauen und Zufriedenheit - kommen dann zu kurz.

Mit einigen kleinen Tipps kann das Leben wieder schöner beziehungsweise noch schöner werden.

Manchmal müssen wir einfach nur unsere Perspektive wechseln.

Dankbarkeit

Alles fing auf einem Stadtfest an. Ich schlenderte gemütlich an den Ständen entlang und blieb, ohne weiter darüber nachzudenken, an einem Stand mit Mineralien und Steinen stehen. Auf einem kleinen Schild stand: „Dankbarkeitssteine“ und hinter diesem Schild lagen in einer kleinen Schale viele bunte rundgeschliffene Steine. Für mich war das ein Aha-Erlebnis. Zuhause angekommen, ging ich als Erstes in den Keller zu einer bestimmten Schachtel. Auf unserer Florida-Rundreise habe ich weiße kleine runde Steine gesammelt. Ich habe mir den schönsten kleinen Stein aus der Schachtel genommen und ihn zu meinem „Dankbarkeitsstein“ auserkoren.

Zu diesem Zeitpunkt hatte ich das Gefühl, ich müsste wieder dankbarer sein. Ich war nicht glücklich. Und ich glaube, dass glückliche Menschen dankbar sein können … aber *dankbare* Menschen sind immer glücklich.

Ab sofort trug ich diesen Stein immer in meiner Hosen- beziehungsweise Jackentasche. Und jedes Mal, wenn ich jetzt diesen Stein berührte, habe ich mir überlegt, wofür ich in diesem Moment dankbar war. Es gibt so vieles, wofür man dankbar sein kann: eine Tasse Tee, ein gutes Gespräch, einen Blumenstrauß, ein gutes Essen, mein Auto, welches mich von A nach B bringt, das Lächeln einer Person, das Händchenhalten mit meinen Kindern, eine aufgeräumte Wohnung und vieles mehr.

Früher habe ich gerne mit unseren Kindern Spiele gespielt. Ich bin so dankbar für diese Zeit. Mittlerweile ist es sogar so, dass ich für die Hausaufgaben meiner Kinder dankbar bin. Ja richtig gehört: *für die Hausaufgaben der Kinder.*

Unsere Tochter hatte zum Beispiel eine Geschichtsklausur zu schreiben, verstand aber den Kontext nicht. Also suchte ich mir mein Geschichtsbuch „Deutsche Geschichte in Schlaglichtern" von Dr. Helmut Müller heraus und recherchierte. Das Thema handelte von der Restauration und Revolution von 1815–1850. Als Kind liebte ich Geschichte in der Schule und hörte unserem damaligen Geschichtslehrer immer gerne zu. Nach meiner Recherche fragte ich unsere Tochter, ob ich ihr die geschichtlichen Zusammenhänge erklären darf. Meine Tochter ist siebzehn Jahre alt und man sollte es nicht als selbstverständlich annehmen, dass Kinder in diesem Alter geschichtliche Hintergründe erzählt bekommen möchten. Also war ich glücklich, dass ich ihr helfen konnte. Und ja, ich bin dankbar für diesen und weitere wunderbare Nachmittage. Diese Nachmittage sind Erinnerungen, die man nicht vergisst.

Danke.

Meinen Dankbarkeitsstein brauche ich mittlerweile nicht mehr. Manchmal ertappe ich mich dabei, wie ich auf meinen Dankbarkeitsstein sehe. Er liegt auf einer Ablage in der Küche und ist mittlerweile grau geworden. Dann muss ich immer lächeln und an mein gutes und dankbares Leben denken. Ja … es geht mir gut und vor allem bin ich wieder „dankbar" für das wundervolle Leben. Es hat sich ein Automatismus eingestellt. Ich stelle jetzt wieder viel schneller und vor allem bewusster fest, wofür ich alles dankbar bin.

Das Enkelkind einer Freundin von mir hatte einen schlechten Start ins Leben. Die Eltern waren drogenabhängig, der Vater war im Gefängnis. Emil (Name geändert) kannte fast keine Regeln und musste einiges, was für andere kleine Kinder in Bezug auf Erziehung normal ist, erst einmal lernen. Für meine Freundin, die die Vormundschaft übernommen hatte, war das eine anstrengende Zeit und da kam der Dankbarkeitsstein genau richtig. Übrigens: Es hat funktioniert. Er ist ein dankbarer und überaus netter Junge geworden. Es sind oft die kleinen Dinge, die einem weiterhelfen.

Wenn du das Gefühl hast, mehr Dankbarkeit in dein Leben lassen zu müssen, hilft auch ein Tage- oder Notizbuch. In dieses Buch kannst du jeden Tag, vielleicht morgens oder abends vor dem Schlafengehen, hineinschreiben. Schreibe alles auf, wofür du an diesem Tag dankbar bist beziehungsweise warst. Vielleicht nennst du dein Buch ja Dankbarkeits-Tagebuch. Am Anfang sind es eventuell nur zwei Dinge, die dir einfallen. Und wenn du dann in Übung bist, fallen dir bestimmt täglich fünf oder noch mehr Dinge ein, wofür du dankbar sein kannst. Nach einiger Zeit wirst du feststellen, wie sich dein Tagebuch schon gefüllt hat. Es ist herrlich, dann immer wieder in das Buch hineinzusehen. Mein Tagebuch liegt auf dem Nachttisch. Ich finde stets noch Dinge, für die ich dankbar sein kann. Jeden Tag passieren Sachen, für die man dankbar sein kann. Zu wissen, wofür man alles dankbar ist, ist ein gutes Gefühl.

Ich glaube ganz fest daran, dass es schön und erstrebenswert ist, ein DANKBARER Mensch zu sein.

Dankbar sein.

Erfüllung

Oft sind es nur Kleinigkeiten, die uns Erfüllung bringen. Wir müssen nicht unbedingt unser Leben verändern. Es reicht meistens, seine Gedanken oder seine Perspektive zu verändern. Wir wissen es nur nicht immer.

Wenn du wahre Erfüllung in deinem Leben haben möchtest, lohnt sich der Blick nach innen. Folge der Eingebung deines Herzens. Was erfüllt dich, was macht dich glücklich? Bist du erfüllt, ist dein Leben erfüllt? Oder gibt es etwas, was dir mehr Erfüllung bringen sollte? Fühlst du dich erfüllt oder ist sogar eine Leere in dir?

Wir können uns so viele Dinge leisten: ein neues Kleidungsstück, ein Handy und vieles mehr. Wir fahren in den Urlaub oder kaufen uns ein neues Auto. Aber sind wir dann immer erfüllt? Einige Sachen sind nützlich, bringen uns im besten Fall Freude. Aber bringt es uns auch langfristig die gewünschte Erfüllung? Stellt euch vor, ihr verliert euer Handy oder euer Haus muss zwangsversteigert werden. Verliert ihr dann auch eure Identität?

Es sollte in erster Linie nicht darauf ankommen, was wir haben. Wir sollten ein erfülltes Leben führen und dieses nicht von materiellen Dingen abhängig machen. Wenn wir auf unser Herz, auf unsere Intuition hören, wissen wir meistens schon, was uns wirklich erfüllt …

Ein gutes Buch, ein leckeres Essen, das Lachen der Kinder, die Arbeit, eine kleine Sporteinheit, spazieren gehen oder Musik hören?

Wenn unser Leben im Moment nicht erfüllt ist, sollten wir langsamer werden. Langsamer werden, um achtsam für die wichtigsten Dinge des Lebens zu werden.

Bist du nicht erfüllt, werde langsamer und achtsam.

Es fängt bei den kleinen Dingen an. Schaut euch einen Apfel an. Wie schmeckt er, wie sieht er aus? Achtet darauf, dass er „lecker“ für euch ist. Dass es sich gut anfühlt, wenn ihr ihn esst. Oder habt ihr schon einmal die unterschiedlichen Farben der Äpfel bestaunt? Es gibt so viele unterschiedliche Farbtöne und Schattierungen. Die Farben sind so unglaublich intensiv. Erst nachdem ich als Erwachsene wieder selbst anfing, im Urlaub Muscheln und Bäume abzumalen, habe ich festgestellt, wie interessant die Dinge „tatsächlich“

aussehen. Erst als ich wieder genau hinsah, habe ich die Wunder unserer Natur entdeckt. Wenn ihr Lust habt, malt doch ein Stück Obst oder irgendetwas, was ihr gerade entdeckt, auf ein Blatt Papier. Ihr werdet erstaunt sein, wie schön und spannend die Dinge aussehen. Und sagt jetzt bitte nicht, dass ihr nicht malen könnt. Jeder kann malen. Es ist immer eine Sache der Interpretation und Betrachtung.

Habt ihr schon einmal an Kräutern oder Blumen gerochen? Die meisten Blumen riechen gut; andere riechen interessant und es gibt bemerkenswerte Pflanzen, die senden einen richtig unangenehmen Duft aus. Es ist gut zu wissen, dass Blumen einen Duft aussenden. Einige mehr, einige weniger intensiv. Jedes Mal, wenn ich neue Blumen mit nach Hause bringe, muss unsere Tochter an ihnen riechen. Dann sagt sie: „Mama, riech einmal, wie herrlich die Blumen duften." Das finde ich einfach wunderbar.

Viele beschweren sich über das schlechte Wetter. Ich höre sogar, dass das Wetter zu schön, zu warm ist. Lenkt euren Blick auf das Positive. Das Wetter können wir nicht verändern. Vielleicht sehr langfristig gedacht, wenn wir uns mit dem Klimaschutz beschäftigen … aber das ist ein anderes Thema.

Im Sommer ist es warm, wir genießen die Sonne. Sie tut uns einfach gut. Wir können ins Freibad gehen oder in den eigenen Pool. Wir gehen surfen oder lesen auf der Terrasse ein schönes Buch. Ein Eis schmeckt im Sommer besonders gut, die Blumen stehen in ihrer vollen Blütenpracht.

Im Herbst lassen die Bäume ihre Blätter fallen. Schaut euch die Blätter einmal genau an. Wir können sie im Herbst in den verschiedensten Farben bewundern. Das Farbspektrum ist unglaublich. Vor allem die Künstler unter uns haben ein wahres Gespür für Farben. Heute habe ich noch erlebt, wie die Blätter „getanzt" haben, als sie zu Boden gefallen sind. Macht einen Waldspaziergang, genießt die Natur. Gerade für gestresste Manager ist es eine Wohltat, sich in der Natur aufzuhalten.

Vor einigen Tagen streifte ich mit meinem Mann und unserem Sohn bei regnerischem Wetter durch den Wald. Ich hatte Gummistiefel an, mein Sohn fuhr mit dem Mountainbike und hatte sichtlich Spaß. Es ist herrlich, die Natur zu spüren. Genau dann, wenn es wieder einmal besonders hektisch wird, sorgt die Natur für einen Ausgleich. Wir kommen zur Ruhe und unser Akku wird aufgeladen.

Im Winter ist es oft kalt. Zeit für Kerzen, den Kamin, Glühwein oder Tee. Draußen fällt der erste Schnee. Ich bin jedes Jahr aufs Neue hocherfreut, wenn ich morgens unerwartet den ersten Schnee oder Raureif bewundern kann, der sich auf die Landschaft legt. Wer es sportlich mag, geht jetzt Skilaufen, zum Rodeln, Schlittschuh fahren oder macht eine Schneewanderung und danach vielleicht noch in die Sauna.

Einige denken jetzt, der Winter ist so anstrengend. Ich muss Schnee schieben, es ist zu kalt. Ja, auch das gehört dazu. Mütze auf und raus. Ich mache daraus oft eine sportliche Herausforderung.

Werdet wieder zum Kind. Malt Herzchen in den Schnee und schaut euch die Schneeflocken an. Es ist herrlich. In der dunkelsten Jahreszeit hüllt der Schnee unsere Landschaft in ein weißes Winterkleid und die Lichter in der Advents- und Weihnachtszeit erhellen unser Herz.

Wer den Winter nicht mag, sollte sich eine kleine Auszeit im Süden gönnen. Und wer diese Möglichkeit nicht hat: Ändert einfach eure Perspektive. Genießt jede Jahreszeit.

Silvester lädt dazu ein, das alte Jahr zu verabschieden und das neue Jahr mit schönen neuen Ideen und Zielen zu begrüßen. Macht euch eine

Liste oder überlegt euch, was ihr im neuen Jahr machen und erreichen möchtet. Vielleicht ein langfristiges Ziel: eine Familie gründen, ein Studium beginnen, nach langer Krankheit wieder gesund werden; und ein kurzfristiges Ziel: ein schönes Buch lesen, die Kochkünste erweitern, basteln, ein Zimmer renovieren und so weiter. Dann können wir uns schon jetzt auf das neue Jahr freuen.

Den Januar und Februar können wir mit einem Kurzurlaub versüßen oder einfach nur die Ruhe der Natur genießen. Wer es bunt und lustig mag, dem kommt die „fünfte" Jahreszeit gerade recht. Der Karneval: die Zeit des Feierns. Jetzt ist die dunkle Jahreszeit fast überstanden.

Und im Frühling … sprießen die ersten Blumen und Blätter. Es wird wieder wärmer und Ostern steht vor der Tür.

Wir sollten den Kreislauf der Natur mit allen Sinnen genießen. Mich erfüllt der Gedanke, dass wir so viele Dinge riechen, schmecken, sehen, ja erleben können. Das Leben bietet uns so viel Abwechslung und Fülle. Wir sollten die Zeit hier auf Erden nutzen und in vielerlei Hinsicht erleben.

Denkt daran: Lenkt euren Blick auf das Positive und genießt die Zeit mit allen Sinnen.

Letztens sagte meine Tochter zu mir: „Mama, du denkst immer so positiv.“ Daraufhin antwortete ich ihr, dass sie sich auf das Positive konzentrieren solle. Wenn zum Beispiel von sieben Kerzen nur sechs Kerzen brennen, soll sie sich nicht die eine erloschene Kerze ansehen, sondern lieber die sechs Kerzen, die noch brennen.

Es kommt nicht darauf an, was und wer wir sind. Ob wir Bauarbeiter, Koch, Architekt oder Lehrer sind. Wichtig ist, dass wir Erfüllung in dem finden, was wir machen.

Arbeitet ihr bei der Müllabfuhr, ist es gut, weil die Mülltonnen geleert werden, und die Straßenreinigung sorgt dafür, dass die Straßen sauber sind. Ich freue mich immer sehr, wenn die Blätter gefegt sind und kein Müll herumliegt. Auch ich fege und putze gerne mein Haus. Es hat so etwas Aufgeräumtes und Reinigendes.

Es gab sogar eine Zeit, in der ich mich dafür entschuldigt habe, Hausfrau zu sein. Aber ist das nicht absurd? Hausfrauen und Mütter sind wahre Manager. Sie kümmern sich um den Haushalt, um die Erziehung der Kinder, kochen und pflegen eventuell einen Garten.

Führungskräfte können gut Mitarbeiter führen, Professoren halten Vorträge und arbeiten in der Wissenschaft, Gärtner lieben Pflanzen. Kein Mensch ist besser oder schlechter. Wir sollten uns gegenseitig ergänzen. Und vor allem sollten wir stets ein erfülltes Leben führen, egal, wer du bist, und ganz gleich, was du tust.

Es gibt dieses schöne Gedicht von Douglas Malloch: ***„Sei das Beste, was immer du bist“:***

„Wenn du nicht Kiefer sein kannst auf dem Hügel,
sei ein Busch im Tal - aber sei
der schönste kleine Busch am Ufer des Bachs.
Sei ein Busch, wenn du kein Baum sein kannst.

Wenn du kein Busch sein kannst,
sei ein Büschel Gras
und steh heiter am Straßenrand.
Wenn du kein Hecht sein kannst,
sei einfach ein Barsch,
aber der munterste Barsch am See.

Nicht nur Kapitän, auch Mannschaft muss sein,
für alle von uns ist Platz.
Viel Arbeit ist zu tun und wenig.
Doch die Pflichten, die wir haben, sind gleich.

Wenn du keine Straße sein kannst,
sei nur ein Pfad.
Wenn du die Sonne nicht sein kannst,
sei ein Stern.
Es ist nicht die Größe, nach der du siegst
oder fällst.
Sei das Beste, was immer du bist."

Egal wer du bist und was du tust, führe stets ein erfülltes Leben.

Freunde / Familie

Es gibt Zeiten im Leben, in denen der Beruf oder die Familie an erster Stelle steht. Freundschaften treten dann manchmal in den Hintergrund. Aber auch nach Jahren können wir versuchen, den Kontakt wiederherzustellen. Manchmal funktioniert es nicht so, wie wir es uns wünschen. Dann sollten wir dankbar für die schöne gemeine Zeit sein, die wir miteinander verbracht haben. Freunde begleiten uns ein Stück auf unserer Lebensreise, im besten Fall ein Leben lang. Oft kommen neue Freunde hinzu, je nach Interessengebiet.

Mit unseren Freunden teilen wir das Gestern, das Heute und das Morgen; vor allem das Hier und Jetzt. Wir haben bei guten Freunden das Gefühl, so wie wir sind, ist es gut; sie verstehen uns. Wir werden so angenommen, wie wir sind.

Manchmal erkennen wir erst in der Einsamkeit, wie wertvoll und wichtig gute Freunde sind.

Von Zeit zu Zeit alleine zu sein ist wichtig. Dann können wir uns neu sammeln, zur Ruhe kommen und unseren Geist ausruhen. Unsere Seele baumeln lassen. Wenn wir uns aber einsam fühlen, keine Freunde in der Nähe sind, sollten wir uns die Frage stellen, warum dies so ist.

Vielleicht haben wir etwas zu lernen.

Kannst du gut mit Kritik umgehen? Ich hatte früher Schwierigkeiten damit, kritisiert zu werden. Denn ich habe das immer sehr persönlich genommen und mich tagelang damit beschäftigt. Jetzt überlege ich kurz, ob die Kritik berechtigt ist. Vielleicht kann ich dann daraus lernen.

Wenn nicht, richte ich meine ganze Aufmerksamkeit auf die wichtigen, auf die positiven Dinge. Wir sollten unsere Energie nicht zu lange mit negativen Gedanken verschwenden. Es sind oft die negativen Gedanken der anderen Person, nicht unsere Gedanken. Lasst uns unsere ganze Aufmerksamkeit auf das richten, was wir gerade machen, auf das, was uns wichtig ist.

Kennt ihr diese wunderbare Geschichte mit dem Tempel der tausend Spiegel?

Es war einmal vor vielen Jahren … in Indien. Dort gab es einen Tempel, der im Inneren mit Tausenden von Spiegeln ausgeschmückt war.

Eines Tages kam ein Hund zu dem Tempel und ging hinein. Der Hund war sehr griesgrämig. Als er in die Spiegel sah, sah er viele griesgrämige Hunde. Der Hund wurde wütend. Die anderen Hunde wurden auch immer wütender. Er fing an zu bellen und die anderen Hunde bellten zurück. *Es waren seine Spiegelbilder.*

Schnell lief er davon und kam nie wieder zum Tempel zurück.

Einige Zeit später kam ein anderer Hund zu dem Tempel der tausend Spiegel. Auch dieser Hund ging hinein und sah sich Tausenden von Hunden gegenüber. Er freute sich, dass er in seiner Einsamkeit Gesellschaft gefunden hatte. Er wedelte mit dem Schwanz und alle anderen Hunde wedelten zurück. Er freute sich so sehr, dass sich die anderen Hunde auch so freuten und die Freude wollte kein Ende nehmen. Von nun an ging er viele Male zu diesem Tempel, um sich mit den anderen Hunden zu freuen.

Der Ort, der für den einen furchterregend ist, ist für den anderen Hund ein Ort der Freude.

Du hast immer die Wahl.

Wir sollten uns von Zeit zu Zeit Gedanken machen, wie wir sind. Ist alles stimmig, bin ich ein fröhlicher Mensch, erfüllt mit Freude oder bin ich eher ein negativ denkender Mensch?

Viele Menschen reden gerne über andere Menschen. Wenn es eine schöne Anekdote ist, ja - warum nicht? Wenn du schlecht über einen Menschen redest, ist es nicht gut. Es tut uns nicht gut und es tut den Menschen in deiner näheren Umgebung auch nicht gut. Achtet mal ganz bewusst darauf, wie ihr redet. Der Mensch redet, wie er denkt.

Manchmal werden „negative" Geschichten erzählt. Diese sollten wir nicht weitererzählen, vor allem dann nicht, wenn wir sie nicht richtig verstanden haben. Kennt ihr den Spruch von Voltaire über Wahrheit: „Alles, was du sagst, sollte wahr sein. Aber nicht alles was wahr ist, solltest du auch sagen."

Sei ein liebenswürdiger und einfühlsamer Mensch.

Gruppen und einzelne Personen können positiv oder negativ beeinflusst werden. Wir erzählen uns schöne Erlebnisse, Geschichten, tauschen Erfahrungen aus. Sobald man in negative Erzählungen verfällt, kann dieses schöne Beisammensein schnell umschlagen. Bleiben wir im Klatsch und Tratsch hängen?

Konzentriert euch wieder auf erfreuliche Themen. Entscheidet euch ganz bewusst für die positiven Dinge beziehungsweise Geschichten des Lebens. Dann können wir nach Hause gehen und haben ein gutes Gefühl für das Jetzt und in der Zukunft erinnern wir uns an die schönen Gespräche, die wir geführt haben.

Wenn ich früher mit meinem Sohn etwas Schönes basteln wollte, ist er manchmal ungeduldig geworden. Es ging ihm dann nicht schnell genug. Ruhte ich in mir, wurde auch mein Sohn nach einiger Zeit wieder ganz ruhig und konzentrierte sich auf seine Aufgabe. Die Energie überträgt sich. So ist es auch bei unseren Freunden. Wenn wir etwas mit Liebe und in Ruhe machen, wird sich dieses übertragen.

Entscheidet euch immer, Liebe zu geben, dann werdet ihr Liebe empfangen.

Es geht immer nur um Liebe.

Ich hatte eine sehr nette Arbeitskollegin. Sie erzählte mir, dass sie nach Amerika fliegen müsse, weil ihr Ex-Freund im Sterben liege. Die Ehefrau ihres früheren Freundes habe meine damalige Kollegin angerufen und ihr gesagt, dass ihr Mann sich gerne von ihr verabschieden möchte. Zuerst war ich äußerst erstaunt. Für mich war es nicht üblich, dass man sich mit Ex-Freunden trifft.

Aber warum eigentlich nicht? Man hatte eine schöne Zeit miteinander verbracht, manchmal passt es dann aber doch nicht für eine gemeinsame Lebensplanung. Jetzt hatte sie noch einmal die Gelegenheit, sich an die gemeinsame Zeit zu erinnern und sich zu verabschieden.

Meine Oma ist jetzt 99 Jahre alt. Sie erzählte mir vor einiger Zeit: „Das einzig Schlechte an meinem Alter ist, dass viele meiner Freundinnen schon vor mir gestorben sind."

Aber dann kam das Lächeln zurück, weil sie mir sagte, sie habe ja ihre Kinder und in der Tagespflege habe sie auch viele neue und vor allem nette Menschen kennengelernt. Sie basteln gemeinsam, spielen Spiele zusammen und reden über das Leben.

Wir sollten uns mit Menschen aus allen Altersklassen verständigen. Wenn wir alt sind und uns nur mit Gleichaltrigen unterhalten, bleiben wir am Ende unseres Lebens oft alleine. Ich genieße es immer, wenn wir in der Familie zu besonderen Anlässen zusammenkommen. Die Kinder lernen von ihren Eltern, Großeltern und, wer das Glück noch hat, auch von den Ur-Großeltern. Und die ältere Generation kann das Zusammensein mit der jungen Generation genießen und noch etwas lernen. Ja, dadurch selbst wieder jung werden. Unsere Oma hat sogar an Weihnachten mit dem Enkelsohn zum ersten Mal Darts gespielt. Alle hatten sichtlich Spaß.

Schwiegereltern sind ein ganz besonderes Phänomen. Entweder man mag sie von Anfang an oder man mag sie nicht. Manchmal braucht es ein bisschen Zeit, um sich besser kennenzulernen. Du kannst natürlich sagen: „Meine Schwiegermutter mischt sich immer ein oder sie macht dieses und jenes, was mir nicht gefällt." Aber sie ist die Mutter deines Mannes. Und Mütter lieben ihre Söhne.

Manchmal muss man Grenzen setzen, manchmal muss man gelassen bleiben.

Stelle dir doch einfach die Frage: Was ist positiv an meinen Schwiegereltern? Nicht: Was mag ich an ihnen nicht? Konzentriere dich auf das Gute. Sage dir: „Oh, meine Schwiegermutter ist toll. Sie kann so gut kochen. Viel besser als ich. Ich glaube, sie muss mir mal dieses bestimmte Rezept geben."

Wenn eure Schwiegermutter eine Karrierefrau ist, fragt sie etwas über ihren Beruf. Oder was sie früher gemacht hat. Es ist bestimmt sehr interessant. Schwiegermütter haben schon so viele Erfahrungen gesammelt. Konzentriert euch nicht auf die negativen Dinge. Es geht immer darum, sich gegenseitig zu bereichern, zu wachsen, voneinander zu lernen oder einfach nur da zu sein.

Liebe deine Schwiegereltern und wenn sie dich nicht sofort in ihr Herz geschlossen haben, gib ihnen Zeit, sich an dich zu gewöhnen. Im besten Fall wird die Schwiegermutter, wenn sie es nicht schon ist, die beste Freundin, die man haben kann, und der Schwiegervater der beste Freund und Ratgeber.

Bei den Schwiegertöchtern und -söhnen ist es ebenso. Sie sind mit den Söhnen beziehungsweise Töchtern der Schwiegereltern zusammen, weil sie sich lieben, sich gegenseitig wertschätzen und ergänzen.

Hierzu habe ich auch noch einen schönen Zeitungsartikel, Verfasser leider unbekannt, gefunden: *„An alle Eltern, denen die Liebschaften ihrer Kinder unsympathisch sind: Lasst sie in Ruhe! Ein versoffener Junge kann später ein erfolgreicher Manager werden! Früher heiratete man seine Jugendliebe. Heute denken wir, dass die Kinder erst einmal ihre Erfahrungen sammeln sollen. Die braucht nicht jeder. Teenager-Liebe ist echte Liebe. Wenn man sie auseinanderbringt, riskiert man Herzschmerz, wie im Fall von Charles, Camilla und Lady Diana.“*

Am Ende unseres Lebens sollten wir sagen können:
Ich hatte ein schönes Leben mit vielen netten Freunden.

Gelassenheit

Manchmal passiert es, dass man nicht gelassen bleiben kann. Dann denke ich, die Gelassenheit kommt mit dem Alter. Ja, das stimmt zum Teil. Durch Erfahrungen bin auch ich gelassener geworden. Bereiten wir ein gutes Essen vor, wissen wir nach einiger Zeit, wie es funktioniert, werden routinierter und somit gelassener. So ist es im Beruf und in unserer Freizeit. Je öfter wir etwas gemacht haben, desto gelassener können wir sein. Es sind unsere Erfahrungen.

Unseren Emotionen sollten wir nicht immer aus dem Weg gehen, aber bei einigen Gelegenheiten sollten wir schon jetzt viel gelassener sein.

Fahren wir mit dem Zug, passiert es immer mal wieder, dass die Züge Verspätung haben. Entweder liegen Hindernisse auf den Gleisen oder Anschlusszüge verspäten sich. Dieses sollte kein Grund sein, sich aufzuregen. Ich bin jahrelang mit dem Zug zur Arbeit gefahren. Musste ich auf den Zug warten, versüßte ich meine Wartezeit mit einer guten Lektüre oder einem netten Gespräch mit einem anderen Wartenden. Gerade in der heutigen Zeit gibt es so viele Möglichkeiten, eine Wartezeit zu überbrücken: ein schönes Buch lesen, mit dem Handy spielen, sich wichtige Notizen machen oder einfach die Mitreisenden beobachten. Bleibt gelassen oder wie sagt man so schön:

Keep cool!

Wenn wir im Stau stehen, werden viele ungeduldig. Aber letztendlich können wir es nicht beeinflussen. Auch einen Stau können wir sinnvoll nutzen. Wir können uns die, womöglich unbekannte, Gegend ansehen.

Mein Mann hat die Zeit gerne mit „Englisch lernen" genutzt.

Vielleicht möchtet ihr auch neue Fremdsprachen lernen? Eine Fremdsprachen-Lern-CD ins Display und auf geht's: „My name is …"

Waren wir früher mit unseren Kindern auf dem Weg in den Urlaub, spielten wir zum Beispiel „Autokennzeichen-Spiele" oder die Kinder winkten den anderen Autofahrern zu. Dieses machen sie auch heute noch gerne, obwohl sie bereits junge Teenager sind. Es lohnt sich einfach nicht, sich über den Stau aufzuregen. Möglicherweise sollen wir ja im Stau stehen … zur Ruhe kommen.

Wenn wir im Stau stehen sollen, sollen wir im Stau stehen.

Umleitungen sind so ähnlich. Regt euch nicht über die Umleitung auf, genießt die Reise, schaut euch die Gegend an. Oft lernen wir Orte und Straßen kennen, die wir sonst nie anfahren würden.

Vor geschlossenen Schranken räume ich gerne meine Handtasche auf oder schaue mir die Gegend an. Wir können Handy-Nachrichten schreiben oder einfach schöne Musik hören.

Viele denken jetzt, wenn ich einen Termin habe, muss ich pünktlich sein. Ja, wir versuchen alles, um pünktlich zu sein. Aber was passiert, wenn wir nicht rechtzeitig zum Termin erscheinen? Nichts Schlimmes. Wir sind einfach spät dran. Wir können das nächste Mal etwas früher losfahren. Aber wenn es schon zu spät ist, können wir uns entschuldigen, dass wir es leider nicht rechtzeitig geschafft haben. Und mehr? Mehr nicht.

Meine Tochter hatte eine Phase, in der sie ständig schlechte Klassenarbeiten schrieb. Sie kam dann nach Hause und war traurig, weil die Freundinnen meistens eine bessere Note bekommen haben. Ich tröstete sie und fragte: „Was kann dir im schlimmsten Fall passieren? Im schlimmsten

Fall verlässt du die Schule oder wiederholst das Schuljahr, aber mehr auch nicht.“ Es klingt jetzt vielleicht etwas makaber, aber ich sagte dann tatsächlich einmal, dass sie aufgrund einer schlechten Note nicht sterben werde. Danach ging es ihr wieder besser.

Stellt euch die Frage: Was kann mir im schlimmsten Fall passieren?

Sind wir krank, liegen wir im Bett. Haben wir eine Grippe oder ein Bein gebrochen, werden wir zu einer Pause gezwungen. Warum dann nicht gelassen sein? Wir haben keine Wahl. Wir können in Ruhe nachdenken, viel schlafen, einfach gesund werden. Bücher lesen, die wir schon immer mal lesen wollten. Ich glaube sogar daran, dass jede Krankheit ihren Grund hat.

Mein Sohn fand sich phasenweise ziemlich groß und stark und manchmal gab er mir auch nicht so nette Antworten. Aber dieses empfand ich nicht als schlimm. Ich ließ ihn dann erst einmal in Ruhe. Nach ein paar Minuten kam er zu mir und alles war wieder in Ordnung, manchmal besprachen wir kurz den Anlass.

Die Kinder kommen meistens von alleine auf die richtigen Antworten. Sie wissen oft intuitiv, was richtig und was falsch ist. Außerdem haben sie ihren eigenen inneren Kompass.

Es ist wie in den ersten Monaten, wenn wir im Bauch unserer Mutter heranwachsen. Wir wissen, was richtig für uns ist. Es ist alles da, was wir brauchen. So ist es dann auch, wenn wir größer werden. Es ist alles da.

Wir müssen nichts beschleunigen. Wir wachsen auf, so wie es unserer Natur entspricht. Solange wir genug Liebe mit auf den Weg bekommen, kann uns nichts passieren. Wir sollten gelassen bleiben und der Natur vertrauen.

Manchmal stecken wir in der Opferrolle fest. Dann müssen wir uns wieder bewusst machen, was wir alles können. In jedem von uns steckt ein Genie. Es gibt Menschen, die können gut mit Zahlen umgehen. Einige sind gut im Schreiben oder Organisieren. Es gibt kreative und sportliche Menschen. Dieses müssen wir uns nur bewusst machen. Schreibt eure positiven Seiten auf. Und schon werdet ihr wieder ganz schnell wie ein Leuchtturm strahlen. Jeder, wirklich jeder hat positive Seiten. Wenn ihr euch nicht sicher seid, fragt eure engsten Freunde, die werden es euch schon sagen.

Eine gesunde Portion Selbstbewusstsein ist wichtig für uns.

Seid „selbst“bewusst und
geht gelassen durch das Leben.

Glück

Was ist Glück? Wie definiere ich glücklich-sein? Wenn das Glück „wahrhaftig" ist, dann ist es nicht schlimm, wenn es „Probleme" gibt. Die äußeren Probleme sind lediglich Aufgaben, die gelöst werden wollen. Probleme sind AUFGABEN, die gelöst werden wollen, und nichts anderes.

Meine Freundin Henriette erzählte mir, dass sie in der letzten Zeit so viele Probleme habe. Aber denkt mal genau nach, sind es wirklich immer Probleme? Oder sind es Aufgaben, die gelöst werden wollen.

Schließlich sagte ich zu ihr, sie solle doch einfach mal „Probleme" durch „Aufgaben" ersetzen.

Nach einiger Zeit stellte sie fest, dass ihre Probleme tatsächlich keine Probleme mehr waren. Es waren lediglich Aufgaben, die es zu lösen galt.

Wisst ihr, was Glück ist? Wenn eine anstrengende Arbeit *ge-glückt* ist, die Sonne scheinen zu sehen, einen Kaffee zu trinken oder ein nettes Gespräch zu führen.

Außerdem macht es mich glücklich, wenn ich

mich hübsch anziehen kann. Ich fühle mich gut und schön. Jeder sollte sich schön finden dürfen.

Farben beeinflussen unser Leben. Farben können einen sowohl bei der Kleidung als auch an den Wänden beeinflussen. In erster Linie kommt es natürlich auf den eigenen Geschmack an.

Nachstehend habe ich eine kleine Empfehlung aufgeführt, wie wir Farben sinnvoll einsetzen können:

Gelb
Die Farbe Gelb ist nervenberuhigend und soll gut gegen geistige und nervöse Erschöpfungszustände wirken. Die Farbe wirkt wie Sonnenstrahlen, macht fröhlicher und optimistischer. Eine gute Farbe für Klassen- und Studierzimmer.

Grün
Grün wirkt ausgleichend und neutralisierend, die Farbe beruhigt und ist wohltuend. Grün ist die Farbe der Natur. Eine Küche wirkt in Grün vital und einladend; im Schlafzimmer sorgt sie für Entspannung.

Blau
Bau ist die Farbe der tiefen Einsicht, erhöht die Selbstsicherheit. Mit Blau in der Kleidung ist man

besser gegen Menschen mit negativen Gedanken geschützt. Eine schöne frische Farbe für das Badezimmer.

Indigo/Violett

Indigo und Violett sind die Farben der tiefen Wahrnehmung und der Bescheidenheit. Kreativität und Fantasie können sich besser entfalten.

Weiß

Wer Weiß trägt, zeigt sich offen für alle Kräfte der Umgebung. Weiß eignet sich gut als Wand- und Wäschefarbe.

Schwarz

Wer Schwarz trägt, schirmt sich von der Umgebung ab. Auch eine Farbe der Trauer.

Im Winter fällt es uns manchmal schwerer, glücklich zu sein. Das Sonnenlicht fehlt.

Versucht dann nicht, alles auf einmal erledigen zu wollen. Setzt Prioritäten. Eventuell einige Sachen auf das neue Jahr verschieben. Gerade Perfektionisten haben manchmal Probleme damit, unerledigte Aufgaben liegen zu lassen. Es muss nicht alles perfekt sein. Was ist euch wichtig?

Als meine Tochter in der Schule viel zu tun hatte, sagte ich Folgendes zu ihr: „Stelle dir ein leeres

Glas vor, welches täglich gefüllt werden will. Zuerst kommt das Wichtigste hinein. Das, was auf jeden Fall erledigt werden muss. Im besten Fall die Dinge, welche du erledigen willst. Anschließend kann man dieses Glas noch mit Tätigkeiten füllen, die du noch machen möchtest. Mehr als fünf Dinge sollten es aber nicht sein, man sollte auch noch Platz für Unvorhergesehenes einplanen."

Der Winter lädt zum Ausruhen ein. Die Bäume lassen ihre Blätter fallen, um Kraft für den Frühling zu sammeln. Meinen Kindern sage ich immer, dass die meisten Tiere sich im Winter zurückziehen oder Winterschlaf halten.

So sollte es auch bei uns Menschen sein. Kommt zur Ruhe, genießt die Zeit. Macht euch einen schönen Tee, lest ein nettes Buch oder verliert euch in den kleinen Dingen des Alltags. Ja, vielleicht auch bügeln. Bastelt, kocht, backt, geht spazieren, treibt ein wenig Sport oder plant einen Kurzurlaub ein.

Wir sollten nicht daran denken, dass es viel Arbeit macht. Wir sind hier, um zu genießen … um das Leben zu genießen. Genießt die Dinge, die zu erledigen sind, und seid einfach glücklich.

Wir sind hier, um das Leben zu genießen und glücklich zu sein.

Und achtet darauf, was ihr denkt. Ihr seid, was ihr denkt. Die meisten negativen Gedanken sind Gedanken von dem, was wir im Laufe unseres Lebens gelernt haben. Als Baby sind wir reine Geschöpfe. Wir nehmen nur das auf, was unsere Umwelt uns mitgibt, und leider sind dabei auch immer Sätze und Gedanken dabei, die wir ungefiltert in unser Herz und Gehirn lassen. Negative „Projektionen" sollten wir überdenken und verändern.

Stellt euch die Frage: Ist das wirklich wahr, was ich gerade gedacht habe. Ist es wirklich wahr? Oft ist ein negativer Gedanke falsch. Ändert ihn. Und wenn ihr jetzt denkt, das kann ich nicht, ich denke einfach so, dann muss ich euch enttäuschen. Das stimmt nicht. Ihr könnt euch ändern. Ihr werdet euch automatisch ändern, wenn ihr es möchtet.

Es ist ein Spiel, wie Kochen, wie Kuchenbacken oder sogar wie ein Haus bauen. Nur dieses Mal geht es um eure Gedanken. Ihr könnt sie verändern. Wenn es euch schwerfällt und ihr viele negative Gedanken „abgespeichert" habt, fangen wir ganz von vorne an.

Bei einem Haus muss man auch mit einem soliden Fundament anfangen. Schreibt euch eure negativen Gedanken auf. Wenn ihr euch zum Beispiel in Gedanken über eine Person beschwert, „beschwert“ ihr euch selbst … es wird schwer. Denkt lieber: „Dieser Person geht es heute aber nicht gut.“

Konfrontiert euch ganz bewusst mit euren Gedanken. Am Anfang wird es vielleicht „schmerzhaft“ sein, aber mit der Zeit wird es immer besser. Ja, es macht sogar richtig Spaß. Wie bei kleinen Kindern. Sie fallen hin und stehen wieder auf. Und irgendwann können sie laufen. So ist es auch mit den Gedanken. Wenn ihr keine negativen Gedanken denken wollt, hört auf damit. Es funktioniert.

Jeden Tag, jede Woche, jeden Monat nehmt ihr ein kleines „negatives“ Gedankengut und verwandelt es in etwas Positives. Manchmal werdet ihr das Gefühl haben, es funktioniert nicht:

Bleibt dran, es lohnt sich.

Mögt ihr Affirmationen oder Meditation? Zum Beispiel könnt ihr euch täglich sagen: „Ich höre auf mein Herz. Die positiven Gedanken kommen automatisch zu mir. Ich ziehe nur noch positive Dinge und Menschen an, die mir Glück und Zufriedenheit bringen.“

Ich habe mir das immer so vorgestellt: *Ich steige auf einen Berg. Auf dem Weg hinauf begleitet mich eine warme wohlige Sonne. Auch in meinem Inneren strahlt ein helles warmes Licht … und dann komme ich an.* Und so oder so ähnlich könnt ihr das auch.

Jetzt beschäftige ich mich schon seit sieben Jahren mit diesem Thema und ich muss euch sagen, dass es einfach herrlich ist, diesen „Müll" aus meinem Kopf bekommen zu haben. Wenn ihr auf dem Pfad der Glückseligkeit unterwegs seid, gibt es kein Halten mehr.

Vor einigen Tagen habe ich einem Bettler ein wenig Kleingeld gegeben. Daraufhin sagte er zu mir, ich sei die erste Person seit eineinhalb Stunden. Die erste Person nach einer langen Zeit im Regen. Er strahlte mich an.

Danach war ich den ganzen Tag glücklich. Glücklich, ihm eine kleine Freude gemacht zu haben. Ich habe dem Bettler eine Freude gemacht und mir auch. Ich habe das Glück verdoppelt.

Ein Mönch erzählte hierzu, dass viele Menschen über Bettler schlecht reden. Die Menschen sagen: „Bettler sollen lieber arbeiten gehen, als zu betteln." Aber wir wissen, dass dieses nicht immer so einfach ist. Im Buddhismus würde man anders denken. Wenn Buddhisten einen Bettler auf der Straße treffen, freuen sie sich. Sie geben dem Bettler Geld und bedanken sich dafür, dass sie ihm etwas Gutes tun konnten.

Es ist alles eine Sache der Betrachtung.

Glück kann auch durch ein kleines Geschenk in Erscheinung treten. Wirst du von Freunden zum Essen eingeladen, kannst du ein kleines Gastgeschenk mitbringen. Der Gastgeber zaubert ein wunderbares Essen, räumt für den Gast die Wohnung auf. Als Anerkennung bringt der Gast dann eine Kleinigkeit, vielleicht eine Flasche Wein oder eine kleine Blume, mit. Auch hier wird das Glück doppelt belohnt. Als Gast hat man einen geselligen Abend mit leckerem Essen und der Gastgeber kann noch lange an diesen schönen Abend - auch aufgrund des Gastgeschenkes - zurückdenken.

Es gibt dieses wunderbare Gedicht **„Schenken“ von Joachim Ringelnatz:**

„Schenke groß oder klein,
aber immer gediegen.
Wenn die Bedachten
die Gaben wiegen,
sei Dein Gewissen rein.

Schenke herzlich und frei
Schenke dabei
was in dir wohnt
an Meinung, Geschmack und Humor,
so dass die eigene Freude zuvor
Dich reichlich belohnt.

Schenke mit Geist ohne List.
Sei eingedenk,
dass Dein Geschenk
Du selber bist.“

Donnerstags steht immer „Witwe Bolte“, ein Hähnchenwagen, vor unserem REWE. Manchmal hole ich für meine Familie und mich ein halbes Hähnchen und mache dazu einen leckeren Salat.

Einen Tag habe ich hier in besonderer Erinnerung. Ein freundliches Hallo zum Verkäufer und schon kamen wir ins Gespräch. Dieses Mal ging es um die Arbeit. Er erzählte mir, dass er einen tollen Job in einem Unternehmen hatte. Aber dann wurde er arbeitslos. Er erzählte, das sei das Beste gewesen, was ihm passieren konnte. Jetzt sei er glücklich, Hähnchen verkaufen und den Menschen eine Freude bereiten zu dürfen. Und manchmal würden sich auch nette Gespräche ergeben.

Eine weitere Dame kam dazu und bestellte ebenfalls ein Hähnchen. Sie erzählte, sie sei jetzt 51 Jahre alt und arbeitslos. Eigentlich sei sie schon so gut wie tot. Keiner wolle sie mehr haben. Ich war völlig verwirrt.

Schade, dass sie so dachte. Leider konnten wir uns nicht weiter unterhalten, denn ich musste noch dringend einkaufen. Hatte sie keine Kinder, für die sie Essen kochen konnte? Muss man immer etwas leisten, um glücklich zu leben? Ich glaube nicht. Wir sind auf dieser Welt, um glücklich zu sein. Mit der Nachbarin ein nettes Gespräch führen oder sie zum Kaffee einladen, einen Garten pflegen oder auch den Müll wegräumen? Kein Mensch sollte so denken müssen wie die Dame am Stand von „Witwe Bolte“. Da wird mir wieder bewusst: Das Glück kommt von innen.

Sei einfach glücklich!

Vertrauen

Was ist eigentlich Vertrauen? Vertraust du dir und deinen Fähigkeiten? Vertraust du den Menschen?

Einige Menschen vertrauen Gott, die Kinder meistens den Eltern, die Ehefrau dem Ehemann, die Eltern den Kindern und wir vertrauen den engsten Freunden. Um einem anderen Menschen zu vertrauen, bedarf es einer emotionalen Bindung. Fühlt man sich verbunden und hat positive Erlebnisse miteinander, wächst auch das Vertrauen.

Im Berufsleben schenkt man oft einem Arbeitskollegen Vertrauen. Wir vertrauen anderen Menschen, wenn wir das Gefühl haben, dass wir ernst genommen werden. Dass wir so in Ordnung sind, wie wir sind. Loyalität ist ein wichtiger Faktor.

Wir kommen mit einem Urvertrauen auf die Welt. Dann lernen manche Kinder von ihren Eltern, dass sie nicht gut genug sind, so wie sie sind. Sie bekommen zu viele Verbote, werden beschimpft. Dieses ist für eine gesunde Entwicklung nicht gut. Wir sollten unsere Kinder in ihren Fähigkeiten unterstützen. Gebt ihnen das Vertrauen, dass sie alles erreichen können, was sie möchten. Kinder haben ihre eigene Entwicklung. Diese Entwicklung sollte man nicht unterbrechen, nur weil sie nicht so sind, wie wir es vielleicht erwarten. Jeder Mensch hat seinen eigenen inneren Kompass, dem er vertrauen kann.

Vor einigen Tagen kam ich mit einer netten Dame ins Gespräch. Ich nenne sie jetzt Elisabeth. Wir kennen uns seit einer längeren Zeit und unterhalten uns gelegentlich, meistens aber nur sehr kurz. Bei diesem Gespräch wurde es zum ersten Mal persönlich. Sie erzählte mir, dass sie ein ziemlich sensibler Mensch sei. Sie berichtete mir von ihrer derzeitigen Krankheit, und ich gab ihr daraufhin einen kleinen Ratschlag. Zu Hause angekommen dachte ich, wie nett es doch ist, wenn dir jemand so viel Vertrauen schenkt und dir so persönliche Dinge von sich erzählt.

Ist es nicht schön, wenn man weiß, dieser Mensch vertraut dir? Diese Person erzählt dir ihre persönlichsten Geschichten und du hörst einfach zu und gibst ihr eventuell einen Ratschlag. Es ist nicht selbstverständlich; Vertrauen muss man sich „verdienen". Es ist ein Privileg. Es gibt so viele Vertrauensarten: das Urvertrauen, das

Vertrauen in einen anderen Menschen, das Vertrauen, welches man in andere Menschen setzt, und das eigene Vertrauen. Vertraue der Stimme deines Herzens, vertraue deiner Intuition. Habe Vertrauen in das, was du tust.

Wenn du ein Ziel vor Augen hast und du es auch wirklich willst, schaffst du es auch. Stelle eine Verbindung zu deinem Herzen her und es wird dir sagen, was du machen sollst. Richte deinen Blick nach innen. Glaube an deine Träume und werde der, der du sein willst. Wir alle haben verschiedene Talente und Begabungen. Ignoriere sie nicht. Vertraue dir und deinen Fähigkeiten. Vertraue dem Leben, blicke stets nach vorne, dann wird das Leben dir freundlich entgegenkommen.

Vertraue stets dir selbst und deinen Fähigkeiten.

Zufriedenheit

Was ist eigentlich Zufriedenheit? Die meisten Menschen leben nicht in Kriegsgebieten, müssen keine Hungersnot erleiden, haben oft genug Freizeit und sind trotzdem unzufrieden. An dieser Stelle sollten wir uns die Frage stellen: Wie zufrieden bist du mit dir?

Wir können im Kleinen zufrieden sein, indem wir uns fragen, wie zufrieden bin ich HEUTE mit mir. Zähle am Abend einfach mal drei positive Dinge auf. Was ist heute gut gelaufen? Gymnastik gemacht? Einen Kaffee getrunken? Den Garten gepflegt? Die Sonne hat heute geschienen? Ich habe einem Menschen zugelächelt. Wenn wir diese kleinen Dinge wertschätzen, werden wir automatisch Zufriedenheit erlangen.

Um Zufriedenheit zu erlangen, sollten wir uns fragen, ob wir auch ehrlich mit uns selbst sind. Ist das, was wir gerade machen, auch das, was wir auch wirklich möchten? Sind wir stets ehrlich mit uns selbst? Können wir auch NEIN sagen?

Es gibt Menschen, die ständig anderen Menschen gefallen wollen und zu wenig an sich selbst denken. Wir sollen ja nicht egoistisch sein, aber ein gewisses Mittelmaß ist schon gesund … Sich nicht zu vergessen.

Manchmal stelle ich mir vor, ich liege auf dem Sterbebett. Es hilft mir dabei, zufrieden zu sein. Es hilft mir, auf meine Vergangenheit zurückzublicken. Wie war mein Leben bis jetzt, was habe ich alles erreicht? Führe ich ein erfülltes Leben? Bin ich glücklich? Habe ich mir meine Wünsche und Träume erfüllt? Habe ich Reisen unternommen? Was möchte ich noch erleben? Hatte beziehungsweise habe ich Freunde, die mich ein Stück meines Lebens begleiten? Wie gelassen habe ich in bestimmten Situationen reagiert? Bin ich zu egoistisch? Hatte ich Freude in meinem Leben und war beziehungsweise bin ich zufrieden? Diese Reflexionen helfen mir dabei im Hier und Jetzt ein gutes Leben zu führen … und es hilft mir, zu sehen, was ich anders machen möchte.

Wir machen bestimmt nicht alles richtig. Aber am Ende unseres Lebens sollte das Positive überwiegen und wir sollten auf ein zufriedenes Leben zurückblicken können.

Am Ende unseres Lebens sollten wir auf ein zufriedenes Leben zurückblicken können.

Wenn ihr an Herbst- oder Winterdepressionen leidet, habe ich hier noch einen guten Maßnahmenkatalog von meinem lieben Hausarzt für euch:

- Halte dich viel in der Natur auf und nutze das Tageslicht, auch wenn es noch so spärlich zur Verfügung steht!
- Vollspektrum-Lampe zur täglichen Anwendung (ca. 2.500 Lux entspricht ca. 30 Glühbirnen (60 Watt))!
- Täglich zwei reife Bananen!
- Vitamin D gibt es nur in wenigen Nahrungsmitteln wie z. B. im Meeresfisch und vor allem in Champignons. Faustregel: 20 Champignons ersetzen zwei Tage Sonnenschein!
- Hirse-Gerichte: Man nannte die Hirse bereits im Mittelalter das „fröhliche Getreide“!
- Anis-Fenchel-Kümmel-Tee zu gleichen Teilen mischen. 1 EL mit 1 Tasse kochendem Wasser übergießen, acht Minuten ziehen lassen, mit etwas Honig würzen und lauwarm trinken!
- Rosenblüten-Blätter-Tee, biologisch ungespritzt, hat eine ähnliche Wirkung wie beim Anis-Fenchel-Kümmel-Tee, ebenfalls mit etwas Honig würzen.

- Honig: Oft kann es schon helfen, einen Teelöffel Honig im Mund zergehen zu lassen.
- Anis-Gebäck
- Wenig Fleisch essen, weil es die Bildung und Zulieferung von Serotonin zum Gehirn stört, das für gute Laune zuständig ist.
- Viel Wasser trinken.
- Ein Teller Haferflocken-Suppe oder Haferflocken-Müsli. Sie liefern den Stoff Tryptophan, aus dem der Körper das „Gute-Laune-Hormon Serotonin“ herstellen kann.
- Johanneskraut-Tabletten (Der Johanneskraut-Tee hat zu wenig Kraft).

Um zufrieden zu sein, hör auf dein Herz oder wie Mark Forster so schön sagt: „Hör auf die Stimme, hör was sie sagt.“ Denkt immer an euer Ziel, an eure Wünsche und genießt jeden Tag. Genießt die Reise. Benutzt ein Tagebuch, probiert es mit Dankbarkeitssteinen. Erfreut euch an den kleinen Dingen des Lebens, seid dankbar und liebt das Leben.

Schluss

Im Vorwort habe ich von sieben Jahren gesprochen. Ich beschäftige mich jetzt seit sieben Jahren – immer mal wieder – mit diesen Themen. Manchmal war es harte Arbeit, manchmal traurig und auch lustig. Oft gab es Aha-Erlebnisse und viele Erkenntnisse. Und jetzt ernte ich die Früchte meiner Arbeit.

Ich stelle fest, dass sich mein Leben wirklich alle sieben Jahre verändert hat.

- Mit 7 Jahren: die Schule beginnt.
- Mit 14 Jahren: hurra, die Pubertät lässt grüßen.
- Mit 21 Jahren: es wurde Zeit, aus dem Elternhaus auszuziehen.
- Mit 28 Jahren: Zeit für die Familienplanung.
- Mit 35 Jahren: ich stecke mitten in der Kindererziehung.
- Mit 42 Jahren: der Weg nach innen.
- Und jetzt mit 49 Jahren in der Glückseligkeit angekommen.

Mal sehen, wohin der Weg mich führt.

Jeder geht seinen Weg, warum nicht ab sofort noch ein wenig glücklicher. Es kommt nicht darauf an, wie man aussieht, welchen Job man hat, wie alt man ist. Es kommt darauf an, ein erfülltes Leben zu führen und das Leben zu genießen. Im Hier und Jetzt.

Genießt euer Leben, solange ihr hier auf Erden seid.

Eure
Silke Schätte